ANDERSON WILLIAMS

Das römische Dodekaeder

Einführung

In den stillen Korridoren der Antike steht ein einzigartiges Artefakt, das römische Dodekaeder, als rätselhafter Wächter, der Geheimnisse bewacht, die der Zeit verloren gegangen sind. Während wir uns auf diese intellektuelle Odyssee begeben, besteht die Essenz unserer Reise darin, die Schichten der Geschichte aufzudecken und nicht nur die physischen Dimensionen dieses geometrischen Wunderwerks, sondern auch die immateriellen Flüstern einer längst vergangenen Zivilisation zu enthüllen.

Stellen Sie sich die geschickten Hände vor, die die Dodekaederform sorgfältig geformt haben. Jede Facette ist ein Zeugnis einer alten Handwerkskunst, die den erodierenden Berührungen der Jahrhunderte trotzt. Diese Einführung dient als sprichwörtliches Tor und lädt Sie ein, die Strömungen der Zeit zu durchqueren und die Lücke zwischen der Gegenwart und der Klassik zu schließen. Wir entschlüsseln nicht nur die Feinheiten eines Objekts; Wir machen uns daran, die verschlüsselte Sprache einer Ära zu entschlüsseln, die ihre Erzählung in den Kern des Artefakts einprägt.

Die Reise beginnt mit den Schatten der Entdeckung, während wir den Spuren derjenigen folgen, die dieses geometrische Rätsel aus den Fängen der Geschichte befreit haben. Die Fragen, die durch die Zeit hallen, sind greifbar: Welchem Zweck diente es? Welche Geschichten birgt es stillschweigend? Wenn wir diese Fragen stellen, werden wir nicht nur mit dem greifbaren Artefakt konfrontiert, sondern auch mit den immateriellen Echos einer vergangenen Zivilisation.

Das historische Tableau wird kritisch betrachtet und das römische Dodekaeder in den Auf und Ab alter Kulturen kontextualisiert. Sein Erscheinen auf der Bühne der Geschichte lädt uns ein, über das soziokulturelle Milieu nachzudenken, in dem es existierte – eine Welt, in der sich Handwerkskunst, Symbolik und vielleicht sogar metaphysische Überzeugungen vermischten. Die Einleitung wird daher zu einem Portal, einer Schwelle, durch die wir in die sich entfaltende Erzählung einer vergessenen Epoche eintreten.

Die Fäden der Untersuchung reichen über die Ränder des Artefakts hinaus und verweben sich durch das Geflecht von Theorien und Interpretationen. Warum ein Dodekaeder? War es ein bloßes Instrument, eine religiöse Reliquie oder vielleicht ein astronomisches Werkzeug? Bei der Untersuchung dieser Fragen navigieren wir durch das Labyrinth wissenschaftlicher Debatten und nehmen die unterschiedlichen Perspektiven auf, die sowohl Licht als auch Schatten auf den Zweck des Artefakts werfen.

Doch unsere Reise endet nicht in der fernen Vergangenheit. Das Erbe des römischen Dodekaeders hallt durch die Jahrhunderte nach und hinterlässt einen unauslöschlichen Eindruck in der Gegenwart. Museen werden zu Hütern seiner stillen Geschichte, Ausstellungen bieten Einblicke in seinen geometrischen Reiz und zeitgenössische Köpfe tanzen mit den Geheimnissen, die er birgt. Diese Einführung ist daher nicht nur ein Vorspiel, sondern ein Wink, eine Einladung, sich der Expedition in das Herz eines uralten Rätsels anzuschließen, wo die Grenzen zwischen Artefakt und Einsicht verschwimmen und die Echos der Vergangenheit in den neugierigen Köpfen der Menschheit widerhallen gegenwärtig.

Definition und Überblick

Das römische Dodekaeder, ein fesselndes Rätsel, das uns aus den Annalen der Antike lockt, lässt sich nicht einfach klassifizieren. Im Kern besteht es aus einem zwölfseitigen Polyeder, wobei jede Seite mit der Präzision eines regelmäßigen Fünfecks verziert ist. Doch sein Wesen auf die Zwänge der Geometrie zu beschränken, bedeutet, eine Erzählung zu stark zu vereinfachen, die über die Grenzen der bloßen Form hinausgeht. Dieser umfassende Überblick versucht, die Schichten rund um dieses Artefakt aufzudecken und lädt uns ein, die Feinheiten seiner physischen Manifestation und die tiefgreifenden Fragen, die es aufwirft, zu erkunden.

Über seine geometrischen Feinheiten hinaus materialisiert sich das römische Dodekaeder als verlockendes archäologisches Exemplar, das überwiegend in den Falten des europäischen Bodens auftaucht, in dem antike Zivilisationen lebten. Sein Erscheinen löst eine Kaskade von Anfragen aus, die eine Konvergenz von wissenschaftlicher Neugier und öffentlicher Faszination hervorrufen. Dieser Überblick wird dann zu einem Portal, durch das wir in den Bereich der Spekulation und Interpretation eintreten und versuchen, die Bedeutung eines Objekts zu entschlüsseln, das der Erosion der Zeit widerstanden hat.

Während wir durch die labyrinthischen Konturen seiner Definition und Übersicht navigieren, offenbart sich das Dodekaeder nicht nur als mathematische Abstraktion, sondern als kulturelles Artefakt, das in das Gefüge antiker Gesellschaften eingewebt ist. Wie hat sich dieses Objekt in den Alltag integriert? War es ein nützliches Werkzeug, ein dekoratives Meisterwerk oder ein Gefäß für esoterisches Wissen? Diese Fragen hallen durch die Korridore der Geschichte, und diese umfassende Untersuchung zielt darauf ab, den Teppich der Möglichkeiten zu entfalten und dabei die vielfältigen Rollen zu berücksichtigen, die dieses Artefakt gespielt haben könnte.

Das eigentliche Wesen des römischen Dodekaeders geht über seine Körperlichkeit hinaus. Es wird zu einem Prisma, durch das wir das Licht des historischen Kontexts brechen und Verbindungen zu den Kulturlandschaften suchen, die es durchquert hat. Dieser Überblick wird so zu einem komplizierten Tanz zwischen Vergangenheit und Gegenwart, einer Leinwand, auf der die Striche des Kontexts und der kulturellen Bedeutung ein lebendiges Porträt zeichnen. Das Artefakt, das einst in archäologischen Schichten schlummerte, wird zum

Geschichtenerzähler, der Geschichten über Handwerkskunst, gesellschaftliche Dynamik und vielleicht auch symbolische Bedeutung flüstert.

Begeben wir uns also auf diese intellektuelle Odyssee, bei der das römische Dodekaeder nicht nur als bloße Form, sondern als Mittel zum Verständnis der Komplexität antiker Zivilisationen auftaucht. In dieser langen Erkundung reisen wir durch die Korridore der Spekulation und des wissenschaftlichen Diskurses, wo die Grenzen zwischen Mathematik und Mystik verschwimmen und das römische Dodekaeder als Beweis für den anhaltenden Reiz der ungelösten Rätsel der Geschichte dient.

Entdeckung und Ursprung

Der Erzählteppich des römischen Dodekaeders ist
nicht nur durch die symmetrische Präzision seiner
zwölf Flächen, sondern auch durch die fesselnden
Berichte über seine Entdeckung und den schwer
fassbaren Schleier, der seinen Ursprung verbirgt,
komplex verwoben. Wenn wir die Reise dieses
geometrischen Wunderwerks von den Tiefen der Zeit
bis in die Gegenwart verfolgen, begeben wir uns auf
eine archäologische Odyssee, die nicht nur das
physische Artefakt, sondern auch die reichen
historischen Landschaften, die es durchquerte,
enthüllt.

Die Entdeckung des römischen Dodekaeders entfaltet
sich als eine Reihe von Kapiteln in der Geschichte der
menschlichen Neugier. Mit Spaten und Pinsel
bewaffnete Archäologen und Geschichtsinteressierte
haben dieses rätselhafte Artefakt an verschiedenen
Orten in ganz Europa ausgegraben. Die Bedingungen
seiner Ausgrabung, ob es eingebettet in den heiligen
Stätten antiker Tempel lag, stillschweigend die
Rituale des häuslichen Lebens beobachtete oder in
den Nischen vergessener Kammern versteckt war,
werden zu integralen Aspekten seiner Erzählung.
Jede Entdeckung ist ein in der Zeit eingefrorener
Moment, ein Einblick in die Umstände, die das

Artefakt umgaben, als es erstmals geformt wurde und anschließend im Sand der Zeit verschwand.

Während wir tiefer in diese Ausgrabungsberichte eintauchen, navigieren wir durch Bodenschichten, wobei jede Schicht nicht nur die physische Präsenz des Dodekaeders offenbart, sondern auch die archäologischen Nuancen, die seinen Kontext umrahmen. Die akribischen Bemühungen, das Artefakt aus seinem irdenen Kokon zu extrahieren und zu bewahren, sind ein Beweis für das Engagement derjenigen, die Fragmente der Vergangenheit wiederbeleben wollen.

Dennoch bleibt der Ursprung des römischen Dodekaeders ein schwer fassbares Rätsel. War es ein Produkt einer bestimmten Kultur, ein Beweis für den Einfallsreichtum einer bestimmten Zivilisation, oder überschritt seine Form geografische Grenzen und verkörperte ein gemeinsames Wissen, das in allen alten Gesellschaften verbreitet war? Die Suche nach ihrem Ursprung führt uns über physische Grenzen hinaus und regt zum Nachdenken über die Vernetzung menschlicher Zivilisationen, die Verbreitung von Ideen und die künstlerischen

Ausdrucksformen an, die zeitliche und räumliche
Beschränkungen überwinden.

Wenn wir über die lange und verschlungene Reise
von der Entdeckung bis zur Entstehung nachdenken,
erkennen wir, dass das römische Dodekaeder mehr
als ein archäologisches Artefakt ist; Es ist ein Gefäß,
das die Spuren des kulturellen Austauschs, das
Flüstern der Handwerkskunst und die Echos einer
längst vergangenen Zeit trägt. Die archäologischen
Stätten, an denen es ausgegraben wurde, werden
nicht nur zu Orten, sondern zu Bühnen, auf denen das
Artefakt sein stilles Drama aufführte und Hinweise
und Fragen hinterließ, die uns dazu einladen, die
umfassendere Erzählung unserer gemeinsamen
Menschheitsgeschichte zu entschlüsseln.

Physikalische Eigenschaften

Das römische Dodekaeder mit seinen zwölf sorgfältig gestalteten Gesichtern entfaltet sich als fesselnde Studie der Körperlichkeit und lädt uns ein, die Feinheiten seiner Materialzusammensetzung, geometrischen Struktur und die nuancierten Details, die seine Dimensionen definieren, zu erkunden.

Material Zusammensetzung: Das Herzstück dieses geometrischen Rätsels ist das Material, aus dem es sorgfältig gefertigt wurde. Das römische Dodekaeder weist eine Vielfalt an Materialien auf, die von Bronze bis zu anderen Legierungen reichen und zu seiner Haltbarkeit und in einigen Fällen zu einer komplizierten Oberflächenverzierung beitragen. Das Verständnis der Komposition bietet eine entscheidende Perspektive, durch die wir nicht nur einen Blick auf die technologischen Fähigkeiten antiker Handwerker werfen können, sondern auch auf die kulturellen und wirtschaftlichen Kontexte, die ihre Materialauswahl beeinflusst haben.

Geometrische Struktur: Das charakteristische Merkmal des römischen Dodekaeders ist natürlich seine geometrische Präzision. Jede der zwölf Flächen stellt ein regelmäßiges Fünfeck dar, was zu seiner dodekaedrischen Form beiträgt. Diese geometrische Symmetrie wirft tiefgreifende Fragen über das mathematische Wissen der antiken Handwerker und die Bedeutung auf, die sie einer solch komplexen Struktur zuschrieben. Die Winkel, Kanten und

Eckpunkte werden nicht nur zu geometrischen Elementen, sondern zu Fenstern in die mathematische Raffinesse einer vergangenen Ära.

Größe und Abmessungen: Über seinen geometrischen Reiz hinaus variiert das römische Dodekaeder je nach Exemplar in Größe und Abmessungen. Diese Variationen reichen von handflächengroßen bis hin zu größeren Konfigurationen und regen zu Überlegungen über den beabsichtigten Zweck jedes Artefakts an. Waren es standardisierte Werkzeuge oder hatten die Dimensionen spezifische kulturelle oder funktionale Bedeutungen? Die Erkundung der Größe und Proportionen dieser Objekte enthüllt eine Erzählung, die über die Ästhetik hinausgeht und sich mit den praktischen Anwendungen oder symbolischen Absichten befasst, die in ihren physischen Formen verankert sind.

Material Zusammensetzung

Die Materialzusammensetzung des römischen Dodekaeders ist ein Beweis für den Einfallsreichtum antiker Handwerker und bietet einen Einblick in die technologische Landschaft und die kulturellen Vorlieben der Zivilisationen, die diese rätselhaften Objekte hergestellt haben.

Diese geometrischen Wunderwerke bestehen überwiegend aus Metall, wobei sich Bronze als häufiges Material der Wahl herausstellt. Aufgrund ihrer Haltbarkeit und Formbarkeit eignete sich die Legierung gut für komplizierte Metallarbeiten und ermöglichte es Handwerkern, die Dodekaeder präzise zu formen und zu formen. Bei der Erkundung der großen Vielfalt der entdeckten römischen Dodekaeder tauchen jedoch Unterschiede in der Materialzusammensetzung auf, wobei einige Exemplare unterschiedliche Legierungen aufweisen oder sogar Edelmetalle enthalten.

Die spezifische Zusammensetzung der Legierung, die über die bloße Funktionalität hinausgeht, wirft interessante Fragen zum wirtschaftlichen und kulturellen Kontext der Gesellschaften auf, die diese Artefakte hergestellt haben. Wurden bestimmte Legierungen aufgrund ihrer symbolischen Bedeutung bevorzugt oder hatte die Verfügbarkeit von Materialien in einer bestimmten Region Einfluss auf den Herstellungsprozess? Die Nuancen der Materialzusammensetzung werden zu Fäden, die sich in das umfassendere Geflecht antiker Handwerkskunst und Ressourcennutzung verweben.

Darüber hinaus weisen die römischen Dodekaeder in einigen Fällen mehr als nur funktionale Haltbarkeit auf – sie tragen kunstvolle Verzierungen und Oberflächenmuster. Diese komplizierten Details, die oft durch den sorgfältigen Prozess des Gießens oder Gravierens erzielt werden, weisen auf eine Konvergenz von ästhetischem Empfinden und handwerklichem Können hin. Die Materialzusammensetzung wird daher nicht nur zu einer praktischen Wahl, sondern zu einer Leinwand, auf der antike Handwerker ihre künstlerischen Fähigkeiten zum Ausdruck brachten

 Das römische Dodekaeder, ein Wunderwerk geometrischer Präzision, entfaltet sich als polyedrisches Puzzle mit zwölf perfekt geformten Flächen, von denen jede die charakteristische Form eines regelmäßigen Fünfecks trägt. Diese geometrische Struktur ist nicht nur eine mathematische Abstraktion, sondern ein Einblick in das hochentwickelte Wissen und die Handwerkskunst antiker Gesellschaften.

Die Regelmäßigkeit der fünfeckigen Flächen lässt auf eine Beherrschung der Geometrie schließen, die über die bloße Funktionalität hinausgeht. Die in jedem

Dodekaeder sorgfältig ausgearbeiteten Winkel, Kanten und Eckpunkte weisen auf ein nicht nur fortgeschrittenes, sondern auch zielgerichtetes Verständnis mathematischer Prinzipien hin. Diese geometrische Struktur wirft Fragen über die Wissensbasis der Kunsthandwerker auf, die sie konzipiert haben – waren sie Mathematiker, Astronomen oder Handwerker mit einem ausgeprägten Verständnis für Symmetrie und Form?

Die Dodekaederform selbst hat eine inhärente Bedeutung. In verschiedenen Kulturen wird das Dodekaeder mit Mystik in Verbindung gebracht, da es aufgrund seiner Verbindung mit dem zwölfjährigen astronomischen Zyklus die Harmonie des Kosmos darstellt. Während wir die geometrische Struktur erkunden, begeben wir uns auf eine Reise über die physische Form hinaus und in die symbolischen Dimensionen, die diese zwölf Gesichter in den Augen antiker Handwerker gehabt haben könnten.

Darüber hinaus deuten Unterschiede in Größe und Proportionen der römischen Dodekaeder auf eine bewusste Entscheidung bei der Herstellung dieser Objekte hin. Waren es standardisierte Werkzeuge, Instrumente oder Gegenstände mit spezifischer ritueller oder symbolischer Bedeutung? Die geometrische Struktur wird nicht nur zu einer ästhetischen, sondern auch zu einer praktischen und möglicherweise symbolischen Entscheidung, die auf unterschiedliche Funktionen oder kulturelle Bedeutungen hinweist, die in jeder sorgfältig bemessenen Fläche eingebettet sind.

Wenn wir einen Blick in die geometrische Struktur des römischen Dodekaeders werfen, stoßen wir auf eine Verschmelzung von mathematischer Eleganz und kultureller Bedeutung. Es wird zu einer Chiffre, durch die wir die intellektuellen Errungenschaften antiker Zivilisationen entschlüsseln und einen Einblick in ihr Verständnis der natürlichen Welt und die künstlerische Schönheit bieten, die sie in geometrischer Präzision fanden. Das Dodekaeder mit seiner symmetrischen Anziehungskraft wird zu einer Brücke, die uns mit dem mathematischen Denken und den kulturellen Kontexten derer verbindet, die vor Jahrhunderten Metall in eine Form geformt haben, die die Grenzen von Zeit und Wissen überschreitet.

Das römische Dodekaeder führt über seine komplizierten geometrischen Facetten hinaus eine faszinierende Dimension der Variabilität in Größe und Dimensionen ein und enthüllt ein Spektrum, das zum Nachdenken über seine funktionellen Rollen, seine kulturelle Bedeutung und vielleicht sogar symbolische Bedeutungen anregt.

Von handtellergroßen Iterationen bis hin zu größeren Konfigurationen lassen die unterschiedlichen Größen römischer Dodekaeder auf eine sinnvolle Bandbreite ihrer Entstehung schließen. Diese Variation wirft interessante Fragen über die beabsichtigte Funktion dieser Artefakte auf. Waren es standardisierte Werkzeuge mit spezifischen praktischen Anwendungen oder hatten die Dimensionen eine differenzierte kulturelle oder rituelle Bedeutung? Die Erkundung der Größe und Proportionen wird zu einem Portal zum Verständnis der vielfältigen Rollen, die diese Objekte im täglichen Leben oder in zeremoniellen Praktiken antiker Gesellschaften gespielt haben könnten.

Darüber hinaus ermöglicht uns die Untersuchung von Größe und Abmessungen, über die handwerkliche Qualität und das technische Know-how nachzudenken, die bei ihrer Herstellung zum Einsatz kamen. War die Herstellung bestimmter Größen schwieriger und erforderte fortgeschrittene metallurgische Fähigkeiten und Werkzeuge? Die sorgfältige Berücksichtigung dieser Faktoren erweitert unser Verständnis der Fähigkeiten der Handwerker und der technologischen Landschaft der Zeit.

Über das Praktische hinaus laden Größe und Abmessungen des römischen Dodekaeders auch zu Spekulationen über mögliche symbolische Bedeutungen ein. Entsprachen Größenunterschiede hierarchischen oder kulturellen Unterschieden? Könnten die Dodekaeder in verschiedenen Kontexten oder Regionen unterschiedliche Bedeutungen gehabt haben? Die Untersuchung dieser Fragen vertieft unsere Wertschätzung für die Vielschichtigkeit dieser Artefakte und legt nahe, dass ihre Dimensionen nicht willkürlich, sondern absichtliche Widerspiegelungen kultureller, funktionaler oder symbolischer Überlegungen sind.

Bei der Entschlüsselung der Geheimnisse von Größe und Dimensionen erweist sich das römische Dodekaeder als mehr als nur ein standardisiertes

Objekt; es wird zu einem dynamischen Artefakt mit vielfältiger Präsenz in der historischen Landschaft. Jede Variation in Größe und Proportion wird zu einem Kapitel in der Erzählung und veranlasst uns, über die differenzierte Rolle nachzudenken, die diese Objekte in der Antike spielten.

Historischer Zusammenhang

Das römische Dodekaeder ist zwar ein eigenständiges, exquisites Artefakt, gewinnt aber noch mehr Tiefe und Resonanz, wenn es in den breiteren historischen Kontext gestellt wird. Wenn wir die Zeit verstehen, in der es geschaffen und genutzt wurde, können wir seine potenziellen Funktionen, seine kulturelle Bedeutung und das gesellschaftliche Milieu, das seine Existenz geprägt hat, entschlüsseln.

Chronologische Platzierung: Die Einordnung des römischen Dodekaeders in einen bestimmten chronologischen Rahmen ist entscheidend für die Lösung seiner Geheimnisse. Dieses Artefakt stammt überwiegend aus der Zeit des Römischen Reiches, die sich vom 2. bis 4. Jahrhundert n. Chr. erstreckt. Diese zeitliche Platzierung positioniert es vor dem Hintergrund bedeutender historischer Ereignisse, technologischer Fortschritte und kultureller Veränderungen, die die römische Welt prägten.

Mögliche kulturelle Bedeutung: Die Erforschung des historischen Kontexts ermöglicht es uns, über die kulturelle Bedeutung des römischen Dodekaeders zu spekulieren. War es ein Gebrauchsgegenstand des täglichen Lebens, ein religiöses oder rituelles Artefakt oder vielleicht ein Gegenstand, der mit wissenschaftlichen Aktivitäten verbunden war? Die Untersuchung zeitgenössischer kultureller Praktiken, Überzeugungen und technologischer Errungenschaften hilft uns dabei, die mögliche Rolle herauszufinden, die dieses geometrische Wunderwerk in der antiken römischen Gesellschaft gespielt haben könnte.

Verbreitung und archäologische Funde: Die geografische Verbreitung römischer Dodekaeder und ihre archäologischen Kontexte bieten zusätzliche Einblicke. Gibt es Muster, wo diese Artefakte gefunden werden? Ergeben bestimmte Regionen oder Arten archäologischer Stätten eine höhere Konzentration? Der historische Kontext reicht über das Artefakt selbst hinaus bis zu den Orten, an denen es ausgegraben wurde, und wirft Licht auf seine potenzielle Verwendung und Bedeutung in verschiedenen gesellschaftlichen Kontexten.

Chronologische Platzierung

Das römische Dodekaeder, ein stiller Zeuge des Auf und Ab der Geschichte, ist eng mit dem Gefüge einer bestimmten chronologischen Epoche verwoben – der Zeitspanne vom 2. bis 4. Jahrhundert n. Chr. innerhalb der riesigen Ausdehnung des Römischen Reiches. Wenn man dieses geometrische Rätsel in seinen präzisen historischen Kontext stellt, offenbart sich eine faszinierende Erzählung, die weit über seine symmetrischen Oberflächen hinausgeht.

In diesem chronologischen Fenster befand sich das Römische Reich auf seinem Höhepunkt, es erstreckte sich über weite Gebiete und beeinflusste verschiedene Kulturen. Dies war eine Ära, die von bedeutenden historischen Ereignissen geprägt war, darunter politische Veränderungen, Militärkampagnen und das Aufblühen von Künsten und Wissenschaften. Das Verständnis der Existenz des römischen Dodekaeders in diesem Zeitrahmen regt zur Erforschung der gesellschaftlichen Dynamik und des technologischen Fortschritts an, die die Antike charakterisierten.

Das 2. bis 4. Jahrhundert n. Chr. erlebte die Blütezeit der römischen Ingenieurskunst, Architektur und Handwerkskunst. So wird die Schaffung eines komplizierten Objekts wie des Dodekaeders zu einem Spiegelbild der technologischen Leistungsfähigkeit dieser Zeit. Waren diese Artefakte ein Ausdruck fortschrittlicher Metallbearbeitungstechniken oder dienten sie einem spezielleren Zweck, der auf das intellektuelle Klima der Zeit hinweist?

Darüber hinaus ermöglicht uns der historische Kontext, die Schnittmengen der Kulturen innerhalb des riesigen Römischen Reiches zu betrachten. Gab es regionale Unterschiede in der Verwendung oder Bedeutung der römischen Dodekaeder? Haben verschiedene Provinzen einzigartige Perspektiven zur Herstellung und Interpretation dieser Objekte beigetragen? Die Antworten liegen im zeitlichen Geflecht des Römischen Reiches und warten darauf, durch archäologische Entdeckungen und historische Analysen erforscht zu werden.

Indem wir das römische Dodekaeder in seinen chronologischen Rahmen einordnen, öffnen wir ein Portal zu einer Zeit, in der Kaiser herrschten, Legionen marschierten und Ideen blühten. Das Dodekaeder wird inmitten der Echos des antiken römischen Lebens nicht nur zu einem Relikt der Handwerkskunst, sondern auch zu einem kulturellen Artefakt, das die Bestrebungen und intellektuellen Strömungen einer vergangenen Zeit widerspiegelt. Die chronologische Anordnung lädt uns daher ein, einen Schritt zurück in die Zeit zu machen und in die reiche historische Erzählung einzutauchen, die dieses geometrische Rätsel umgibt.

Das römische Dodekaeder, an der Schnittstelle von Geometrie und antiker Handwerkskunst angesiedelt, lädt uns ein, seine mögliche kulturelle Bedeutung im Kontext des Römischen Reiches zu erkunden. Über seinen geometrischen Reiz hinaus weist dieses Artefakt auf verlockende Weise auf Rollen und Bedeutungen hin, die mit dem kulturellen Geflecht seiner Zeit in Einklang stehen.

Gebrauchsgegenstand oder rituelles Symbol: Eine Möglichkeit der Spekulation dreht sich um die Frage, ob das römische Dodekaeder einem praktischen Zweck im täglichen Leben diente oder eine rituelle Bedeutung hatte. Könnte es ein praktisches Werkzeug gewesen sein, das möglicherweise bei Messungen oder technischen Aufgaben eingesetzt wurde und das fortgeschrittene Verständnis der Römer für Geometrie demonstrierte? Andererseits wirft sein wiederholtes Auftreten in verschiedenen Regionen und archäologischen Kontexten Fragen zu seiner möglichen Rolle in religiösen oder zeremoniellen Praktiken auf. Die Komplexität seines geometrischen Designs lädt zum Nachdenken darüber ein, ob es eine Verbindung zwischen irdischen Unternehmungen und höheren kosmischen oder spirituellen Bereichen symbolisiert.

Statussymbol oder dekoratives Artefakt: Es muss auch darüber nachgedacht werden, ob das römische Dodekaeder als Statussymbol oder dekoratives Artefakt diente. Bedeutete sein Besitz eine soziale Stellung oder vielleicht die Zugehörigkeit zu bestimmten Gruppen oder Berufen? Die kunstvollen Variationen und die sorgfältige Handwerkskunst, die an einigen Beispielen gezeigt werden, deuten auf eine potenzielle Rolle bei der ästhetischen Bereicherung privater und öffentlicher Räume hin. Um seine kulturelle Bedeutung zu erforschen, muss entschlüsselt werden, ob es in der römischen Welt ein Prestigesymbol oder ein Ausdruck künstlerischer Sensibilität war.

Wissenschaftliches Instrument oder kulturelles Relikt: Aufgrund seiner geometrischen Präzision dreht sich eine weitere Forschungsrichtung um die Möglichkeit, dass das römische Dodekaeder ein wissenschaftliches Instrument sein könnte. Gab es Anwendungen in der Astronomie, Vermessung oder anderen wissenschaftlichen Bereichen? Seine sorgfältige Konstruktion deutet auf einen Zweck hin, der über die bloße Verzierung hinausgeht, und führt zu Spekulationen über seine Beteiligung an intellektuellen Bestrebungen. Alternativ könnte das Artefakt ein kulturelles Relikt verkörpern, das eine Konvergenz von mathematischem Verständnis und symbolischer Bedeutung innerhalb der breiteren Kulturlandschaft des Römischen Reiches darstellt.

Verbreitung und archäologische Funde

Das römische Dodekaeder hat wie verstreute Teile eines historischen Puzzles seine geometrischen Spuren in verschiedenen Regionen hinterlassen und Anlass zu einer Erforschung seiner Verbreitung und der archäologischen Kontexte gegeben, in denen es ausgegraben wurde. Diese Reise enthüllt Muster und Nuancen, die zu unserem Verständnis der Verwendung und Bedeutung des Artefakts in den verschiedenen Landschaften des Römischen Reiches beitragen.

Geografische Verteilung: Die Verbreitung römischer Dodekaeder erstreckt sich über die Gebiete, die einst vom ausgedehnten Römischen Reich regiert wurden. Von Großbritannien bis zum Mittelmeerraum sind diese Artefakte bei archäologischen Ausgrabungen ans Licht gekommen und haben eine faszinierende Spur hinterlassen, die die enorme Reichweite des römischen Einflusses widerspiegelt. Die Muster in seiner geografischen Verteilung werfen Fragen zu Handelsrouten, kulturellem Austausch und der möglichen Verbreitung von Ideen im Zusammenhang mit dem Zweck des Dodekaeders auf.

Archäologische Kontexte: Jeder archäologische Fund wird zu einem Portal zum Verständnis der Rolle des römischen Dodekaeders in verschiedenen gesellschaftlichen Kontexten. Wurde es in einem häuslichen Umfeld entdeckt, was auf eine nützliche oder dekorative Funktion im täglichen Leben schließen lässt? Oder deutet seine Präsenz an religiösen oder zeremoniellen Stätten auf eine tiefere symbolische Bedeutung hin? Die Untersuchung der Bodenschichten, in denen diese Artefakte eingebettet sind, bietet Einblicke in ihre chronologische Platzierung und mögliche Assoziationen mit bestimmten Aktivitäten oder kulturellen Praktiken.

Muster und Anomalien: Zur Untersuchung der Verteilung gehört auch die Identifizierung von Mustern und Anomalien. Gibt es Regionen, in denen römische Dodekaeder häufiger vorkommen? Erkennen die archäologischen Aufzeichnungen je nach geografischer Lage Unterschiede in Größe, Design oder Materialzusammensetzung? Die Enträtselung solcher Nuancen trägt dazu bei, eine differenziertere Erzählung zu konstruieren, die Hinweise auf regionale Vorlieben, kulturelle Anpassungen und möglicherweise unterschiedliche Zwecke liefert, die mit diesen geometrischen Artefakten verbunden sind.

Chronologische Variationen: Die Analyse der chronologischen Variationen der archäologischen Funde verfeinert unser Verständnis weiter. Gibt es im Laufe der Zeit Veränderungen in der Verbreitung oder im Stil römischer Dodekaeder? Durch die Verfolgung dieser Variationen können wir untersuchen, ob Veränderungen in der politischen, wirtschaftlichen oder kulturellen Landschaft die Produktion und Verwendung dieser Artefakte im gesamten chronologischen Zeitraum des Römischen Reiches beeinflusst haben.

Theorien und Interpretationen

Das römische Dodekaeder mit seinem unergründlichen Zweck hat zu einer Vielzahl von Theorien und Interpretationen geführt, die jeweils eine Ebene der Komplexität zu seiner rätselhaften Erzählung hinzufügen. Wissenschaftler und Enthusiasten haben sich gleichermaßen in das Reich der Spekulation vorgewagt und versucht, die Bedeutung dieses geometrischen Rätsels zu entschlüsseln.

Zweck und Funktion: Ein vorherrschender Forschungsweg dreht sich um den Zweck und die Funktion des Artefakts. War das römische Dodekaeder ein praktisches Werkzeug, das möglicherweise in der Vermessung, der Astronomie oder sogar als Spielwürfel verwendet wurde? Die geometrische Präzision seiner zwölf Gesichter lässt auf eine mathematische Bedeutung schließen, was zu Spekulationen über seine mögliche Beteiligung an wissenschaftlichen Unternehmungen führt. Alternativ gehen Theorien davon aus, dass es als religiöses oder rituelles Objekt gedient haben könnte und symbolische Bedeutung in den kulturellen und spirituellen Praktiken der damaligen Zeit hatte.

Symbolische Bedeutung: Einige Theorien befassen sich eingehender mit symbolischen Interpretationen und gehen davon aus, dass das römische Dodekaeder esoterische oder mystische Bedeutungen hatte. Die Zahl zwölf, die sich in ihren zwölf Gesichtern widerspiegelt, hat historische Assoziationen mit kosmischen Zyklen und religiöser Symbolik. Könnte es Aspekte der Zeit, des Tierkreises oder sogar eine spirituelle Verbindung zwischen der Erde und dem Himmel dargestellt haben? Die geometrische Struktur des Artefakts wird zur Leinwand für symbolische Interpretationen, die über seine physische Form hinausgehen.

Praktische Anwendungen: Theorien über die praktischen Anwendungen des römischen Dodekaeders reichen bis zu seiner möglichen Verwendung in medizinischen Instrumenten oder sogar als Kerzenhalter. Die hohle Natur einiger Beispiele hat zu Spekulationen über ihre Funktion als Bestandteile größerer Objekte geführt, beispielsweise als Ständer für ein Vermessungsinstrument oder als Halter für einen Zeremonienstab. Diese Theorien befassen sich mit dem Bereich des alltäglichen Nutzens und gehen davon aus, dass das Artefakt eine konkrete Rolle in der materiellen Kultur seiner Zeit spielte.

Multifunktionale Objekte: Eine umfassendere Perspektive erwägt die Möglichkeit, dass römische Dodekaeder multifunktionale Objekte waren, die je nach Größe, Design und regionalem Kontext unterschiedliche Rollen erfüllten. Diese Theorie erkennt die Vielfalt der archäologischen Aufzeichnungen und das Potenzial dieser Artefakte für vielseitige Anwendungen in verschiedenen Lebensbereichen an.

Während wir uns durch die Landschaft der Theorien und Interpretationen bewegen, verwandelt sich das römische Dodekaeder in eine Leinwand, auf der die Fantasie von Gelehrten und Forschern komplexe Erzählungen malt. Jede Theorie spiegelt nicht nur die physikalischen Eigenschaften des Artefakts wider, sondern auch das komplexe Zusammenspiel zwischen kulturellen Praktiken, technologischem Verständnis und der symbolischen Sprache antiker Zivilisationen. Theorien und Interpretationen verweben sich wie Fäden in einem Wandteppich, um ein umfassenderes Verständnis der schwer fassbaren Bedeutungen dieses geometrischen Rätsels zu schaffen.

Der Zweck und die Funktion des römischen Dodekaeders bleiben im Dunkeln und laden zu einer Reihe von Theorien und Interpretationen ein, die versuchen, die Geheimnisse hinter seinem geometrischen Design zu enthüllen. Wissenschaftler und Enthusiasten haben verschiedene Wege erkundet, um die praktischen Anwendungen oder symbolischen Bedeutungen dieses rätselhaften Artefakts zu erkennen.

1. Nützliche Werkzeuge: Eine vorherrschende Theorie besagt, dass das römische Dodekaeder als nützliches Werkzeug mit praktischen Anwendungen diente. Die geometrische Präzision seiner zwölf Flächen hat einige dazu veranlasst, seine Verwendung in der Vermessung, Astronomie oder als Messinstrument vorzuschlagen. Die unterschiedlichen Größen und Abmessungen der verschiedenen Exemplare deuten auf mögliche Spezialfunktionen hin und regen zu Spekulationen über seine Rolle bei bestimmten technischen oder wissenschaftlichen Aktivitäten im Römischen Reich an.

2. Astronomisches Instrument: Angesichts des
großen Interesses der Römer an der Astronomie geht
eine andere Theorie davon aus, dass das Dodekaeder
ein astronomisches Instrument gewesen sein könnte.
Die zwölf Gesichter könnten Himmelskonstellationen
oder anderen astronomischen Phänomenen
entsprechen, was sie zu einem hochentwickelten
Werkzeug zur Verfolgung von Himmelsereignissen
macht. Diese Theorie steht im Einklang mit der
Vorstellung, dass das Artefakt einen praktischen,
wissenschaftlichen Zweck im Zusammenhang mit der
Beobachtung des Himmels hatte.

3. Religiöser oder ritueller Gegenstand: Alternativ
gehen einige Theorien davon aus, dass das römische
Dodekaeder eine religiöse oder rituelle Bedeutung
hatte. Die durch ihre Gesichter symbolisierte Zahl
Zwölf hat historische und kulturelle Assoziationen
mit kosmischen Zyklen, dem Tierkreis oder religiöser
Symbolik. Dieser Interpretation zufolge spielte das
Artefakt möglicherweise eine Rolle bei zeremoniellen
Praktiken oder war Teil von Ritualen, die mit den
spirituellen Überzeugungen der damaligen Zeit
verbunden waren.

4. Spielwürfel oder Spielwürfel: Die Regelmäßigkeit seiner Gesichter hat zu Spekulationen über die Verwendung des römischen Dodekaeders als Spielwürfel geführt. Die zwölf Gesichter könnten unterschiedlichen Ergebnissen entsprechen und eine praktische Anwendung in der Unterhaltung oder bei Spielen schaffen. Diese Theorie betrachtet das Artefakt als Zeugnis der Freizeit- und Erholungsaktivitäten der antiken römischen Gesellschaft.

5. Dekorative oder prestigeträchtige Gegenstände: Einige Theorien gehen davon aus, dass römische Dodekaeder dekorative oder prestigeträchtige Gegenstände waren, möglicherweise Statussymbole oder die Zugehörigkeit zu bestimmten Gruppen. Ihre komplizierten Designs und vielfältigen Materialien könnten sie zu wertvollen Besitztümern gemacht haben, die in Häusern oder öffentlichen Räumen als Zeichen kultureller Raffinesse oder sozialer Stellung ausgestellt wurden.

Symbolische Bedeutung

Das römische Dodekaeder mit seinen zwölf präzise gearbeiteten Gesichtern lädt zur Erkundung des Bereichs symbolischer Bedeutung ein, wo die geometrische Form über bloße Praktikabilität hinausgeht und sich in die Bereiche kosmischer Symbolik, religiöser Konnotationen und mathematischer Mystik vorwagt.

1. Kosmische Zyklen und Sphären: Eine prominente Interpretation dreht sich um den symbolischen Zusammenhang zwischen dem römischen Dodekaeder und kosmischen Zyklen. Die Zahl Zwölf, die sich in ihren Gesichtern widerspiegelt, weist historische Assoziationen mit himmlischen Sphären und der kosmischen Ordnung auf. Das Artefakt könnte eine symbolische Darstellung der harmonischen Beziehungen am Himmel gewesen sein und ein Verständnis der kosmischen Zyklen und der himmlischen Harmonie widerspiegeln, die in alten Kulturen vorherrschten.

2. Tierkreis und Astrologie: Angesichts der Faszination der Römer für die Astrologie legt eine andere Theorie nahe, dass das römische Dodekaeder als symbolische Darstellung des Tierkreises gedient haben könnte. Jedes Gesicht könnte einem

Sternzeichen entsprechen, was das Artefakt mit dem komplexen Geflecht astrologischer Überzeugungen in Verbindung bringt, die das tägliche Leben und die Entscheidungsfindung in der antiken römischen Gesellschaft beeinflussten.

3. Spirituelle oder religiöse Symbolik: Die Dodekaederform hatte möglicherweise eine spirituelle oder religiöse Bedeutung und repräsentierte heilige Geometrie im Kontext antiker Glaubenssysteme. Seine geometrische Perfektion könnte göttliche Ordnung oder spirituelle Erleuchtung symbolisieren, und das Artefakt könnte in religiösen Ritualen oder Zeremonien als Verbindung zum Göttlichen eingesetzt worden sein.

4. Mathematische und philosophische Symbolik: Die inhärenten mathematischen Eigenschaften des römischen Dodekaeders haben zu Theorien geführt, die es mit der mathematischen Philosophie von Pythagoras und Platon in Verbindung bringen. In diesen Interpretationen verkörpert die geometrische Form mathematische Ideale und Prinzipien und repräsentiert das Streben nach Wissen und die inhärente Ordnung im Universum.

5. Symbol der Einheit und Vollständigkeit: Die Regelmäßigkeit seiner zwölf Gesichter symbolisiert möglicherweise Vollständigkeit und Einheit. In verschiedenen Kulturen wird die Zahl zwölf mit Ganzheit, Vollständigkeit und der Integration von Dualitäten in Verbindung gebracht. Das römische Dodekaeder mit seiner perfekt ausgewogenen Geometrie könnte ein Symbol der Einheit gewesen sein und die gesellschaftliche oder kosmische Vollständigkeit widerspiegeln.

Praktische Anwendungen

Die praktischen Anwendungen des römischen Dodekaeders sind zwar schwer fassbar und unter Wissenschaftlern umstritten, laden jedoch zur Erforschung der möglichen Rollen ein, die dieses geometrische Artefakt im täglichen Leben und in den Aktivitäten der antiken römischen Gesellschaft gespielt haben könnte.

1. Vermessung und Messung: Eine Theorie besagt, dass das römische Dodekaeder ein praktisches Werkzeug zur Vermessung und Messung gewesen sein könnte. Die geometrische Präzision seiner zwölf Flächen, die möglicherweise auf bestimmte Winkel kalibriert sind, könnte Aufgaben im Zusammenhang mit Landvermessung, Bau- oder Ingenieurprojekten erleichtert haben. Diese nützliche Funktion steht im Einklang mit den Fortschritten der Römer in Architektur und Infrastruktur.

2. Astronomie und Himmelsbeobachtung: Angesichts des Interesses der Römer an der Astronomie geht eine andere Theorie davon aus, dass das Dodekaeder möglicherweise als astronomisches Instrument gedient hat. Die zwölf Gesichter könnten Himmelskonstellationen entsprechen oder bei bestimmten astronomischen Berechnungen hilfreich sein. Diese Theorie verbindet das Artefakt mit wissenschaftlichen Aktivitäten und spiegelt die römische Faszination für den Kosmos wider.

3. Religiöse Rituale oder Zeremonien: Die Präsenz des römischen Dodekaeders in religiösen oder zeremoniellen Kontexten hat zu Theorien geführt, die seine Verwendung in Ritualen oder religiösen

Praktiken nahelegen. Das Artefakt könnte bei heiligen Zeremonien eine symbolische Bedeutung gehabt haben und möglicherweise als rituelles Objekt im Zusammenhang mit spirituellen Überzeugungen oder religiösen Riten gedient haben. Die geometrische Form könnte bei der Ausübung heiliger Pflichten oder Zeremonien eine Rolle gespielt haben.

4. Mathematisch-pädagogisches Werkzeug: Seine geometrische Perfektion hat zu Spekulationen geführt, dass das römische Dodekaeder ein mathematisches oder pädagogisches Werkzeug gewesen sein könnte. Vielleicht diente es als Lehrmittel für Geometrie oder andere mathematische Konzepte und verdeutlichte die praktische Anwendung mathematischer Prinzipien im täglichen Leben. Eine solche Interpretation steht im Einklang mit dem Schwerpunkt der Römer auf Bildung und intellektuellen Aktivitäten.

5. Spiel- oder Freizeitgerät: Die Regelmäßigkeit seiner Gesichter hat zu Theorien geführt, die eine mögliche Rolle als Spielwürfel oder Freizeitgerät nahelegen. Das Artefakt könnte bei Freizeitaktivitäten oder Spielen verwendet worden sein, bei denen Zufall oder Geschicklichkeit gefragt waren. Diese

Interpretation betrachtet das römische Dodekaeder als eine Quelle der Unterhaltung, die Aspekte des Gesellschafts- und Freizeitlebens der alten Römer widerspiegelt.

Während wir die praktischen Anwendungen des römischen Dodekaeders erforschen, navigieren wir durch ein Spektrum von Möglichkeiten, wobei jede Theorie eine einzigartige Linse bietet, durch die wir die vielschichtige Natur dieses geometrischen Rätsels verstehen können. Die Theorien variieren und spiegeln die Vielseitigkeit und Anpassungsfähigkeit des Artefakts innerhalb der verschiedenen Kontexte der antiken römischen Gesellschaft wider.

Kontroversen und Debatten

Das römische Dodekaeder hat wie ein rätselhaftes
Puzzle Kontroversen und Debatten unter
Wissenschaftlern und Enthusiasten ausgelöst, die alle
versuchen, die Geheimnisse dieses geometrischen
Artefakts zu lüften. Vom Zweck bis zur kulturellen
Bedeutung haben unterschiedliche Perspektiven
Diskussionen angeregt und ein Geflecht aus
Spekulationen und Untersuchungen geschaffen.

1. Utilitaristische vs. symbolische Debatte: Eine
prominente Kontroverse dreht sich um die Frage, ob
das römische Dodekaeder in erster Linie nützliche
Funktionen wie Vermessung oder Messung hatte oder
ob es eine symbolische oder rituelle Bedeutung hatte.
Wissenschaftler sind sich oft uneinig darüber, ob die
geometrische Präzision des Artefakts eher auf
praktische Anwendungen hinweist oder ob seine
Form tiefere kulturelle oder religiöse Bedeutungen
verkörpert.

2. Kulturelle Variationen: Die unterschiedliche
geografische Verteilung der Artefakte hat zu Debatten
über mögliche regionale Unterschiede in Funktion
oder Bedeutung geführt. Einige argumentieren, dass

unterschiedliche Beispiele, die in verschiedenen Regionen gefunden wurden, unterschiedlichen Zwecken gedient haben könnten und lokale Bedürfnisse oder kulturelle Praktiken widerspiegelten. Andere betonen die Universalität der Dodekaederform und deuten auf ein gemeinsames Wissen oder einen gemeinsamen Zweck im gesamten Römischen Reich hin.

3. Mangel an historischer Dokumentation: Eine anhaltende Kontroverse ergibt sich aus dem Fehlen einer direkten historischen Dokumentation zum römischen Dodekaeder. Das Artefakt fehlt insbesondere in alten Texten, so dass sich die Wissenschaftler auf archäologische Beweise und Vermutungen verlassen müssen. Das Fehlen expliziter Hinweise in historischen Aufzeichnungen fügt eine zusätzliche Ebene des Mysteriums hinzu und schürt Debatten über den wahren Zweck und die wahre Bedeutung des Objekts.

4. Wirtschaftliche und soziale Faktoren: Es gibt auch Debatten über die wirtschaftlichen und sozialen Faktoren, die die Herstellung und Nutzung der römischen Dodekaeder beeinflussen. Einige Wissenschaftler argumentieren, dass es sich bei

diesen Objekten möglicherweise um
Prestigegegenstände handelte, die den sozialen Status
oder Reichtum widerspiegelten. Andere behaupten,
dass wirtschaftliche Überlegungen wie die
Verfügbarkeit von Materialien oder der
technologische Fortschritt eine entscheidende Rolle
bei ihrer Herstellung spielten.

5. Fehlender Konsens über die Chronologie: Die
Datierung römischer Dodekaeder und ihre
chronologische Einordnung innerhalb des Römischen
Reiches bleiben umstritten. Während viele Beispiele
im Allgemeinen mit dem 2. bis 4. Jahrhundert n. Chr.
in Verbindung gebracht werden, gibt es weiterhin
Debatten darüber, ob bestimmte Beispiele früher
oder später stammen könnten, was den historischen
Kontext des Artefakts komplexer macht.

Während sich weiterhin Kontroversen und Debatten
um das römische Dodekaeder drehen, unterstreichen
sie die Komplexität der archäologischen Forschung.
Das Artefakt mit seiner stillen Geometrie löst
fortlaufende Diskussionen aus, die über die Grenzen
der Disziplinen hinausgehen, und lädt Forscher ein,
sich mit den Feinheiten eines Puzzles

auseinanderzusetzen, dessen Teile ihre Geheimnisse
möglicherweise nie vollständig enthüllen.

Ähnliche Artefakte

Während das römische Dodekaeder als einzigartiges und verblüffendes Artefakt hervorsticht, wirft seine Existenz Fragen zu ähnlichen Objekten auf, die in verschiedenen Kulturen und historischen Epochen gefunden wurden. Die Erforschung dieser vergleichbaren Artefakte erhöht die Komplexität des Studiums antiker Geometrie und Handwerkskunst.

1. Römische und keltische Artefakte: Ähnliche geometrische Artefakte wurden sowohl im römischen als auch im keltischen Kontext entdeckt. Während das römische Dodekaeder durch zwölf Gesichter gekennzeichnet ist, weisen einige keltische Exemplare eine unterschiedliche Anzahl von Gesichtern auf. Die Ähnlichkeiten und Unterschiede zwischen diesen Artefakten werfen Fragen nach einem möglichen kulturellen Austausch oder geteilten mathematischen Wissen in der Antike auf.

2. Kuboktaedrische Würfel: In archäologischen Stätten wurden Objekte gefunden, die Kuboktaedern ähneln und sowohl quadratische als auch dreieckige Flächen haben. Diese würfelähnlichen Objekte unterscheiden sich zwar in ihrer Form vom römischen Dodekaeder, weisen jedoch eine gemeinsame geometrische Komplexität auf. Der Zweck und die kulturelle Bedeutung dieser kuboktaedrischen Artefakte bleiben Raum für Spekulationen und wissenschaftliche Untersuchungen.

3. Platonische Körper: Die Erforschung platonischer Körper wie Tetraeder, Hexaeder (Würfel), Oktaeder, Dodekaeder und Ikosaeder in verschiedenen alten Kulturen wirft interessante Parallelen auf. Obwohl es nicht mit dem römischen Dodekaeder identisch ist, lädt das Vorhandensein geometrischer Formen in verschiedenen kulturellen Kontexten zum Nachdenken über gemeinsame mathematische und philosophische Ideen ein.

4. Mesoamerikanische Figuren: In mesoamerikanischen Kulturen, insbesondere bei den Azteken, wurden polyederähnliche Keramikfiguren entdeckt. Diese Objekte, wie das römische Dodekaeder, zeigen eine Faszination für geometrische Formen. Die Interpretation dieser Artefakte bleibt Gegenstand wissenschaftlicher Diskussionen, die mathematische Symbolik und kulturelle Ausdrucksformen berühren.

5. Chinesische Bronzespiegel: Bestimmte alte chinesische Bronzespiegel weisen geometrische Muster auf, darunter Polygone und Polyeder. Obwohl diese Spiegel nicht mit dem römischen Dodekaeder identisch sind, zeigen sie ein gemeinsames Interesse an geometrischem Design. Der kulturelle Kontext dieser Artefakte wirft Fragen zur Weitergabe mathematischer und künstlerischer Ideen in alten Zivilisationen auf.

Die Erforschung ähnlicher Artefakte in verschiedenen Kulturen bietet eine breitere Perspektive auf die universelle Faszination geometrischer Formen. Die Untersuchung dieser Objekte veranlasst Wissenschaftler, die Schnittstellen von Mathematik, Symbolik und Handwerkskunst in verschiedenen kulturellen Kontexten zu berücksichtigen und so unser Verständnis der intellektuellen und künstlerischen Landschaften der Antike zu bereichern.

Vergleichende Analyse

Eine vergleichende Analyse des römischen Dodekaeders und ähnlicher Artefakte aus verschiedenen Kulturen deckt interessante Überschneidungen und Unterschiede auf und wirft Licht auf die gemeinsame menschliche Faszination für geometrische Formen und ihre unterschiedlichen kulturellen Interpretationen.

1. Geometrische Variationen: Während das römische Dodekaeder zwölf Gesichter aufweist, weisen andere Artefakte unterschiedliche geometrische Konfigurationen auf. Einige keltische Beispiele weichen beispielsweise von der Dodekaederform ab und weisen Unterschiede in der Anzahl der Flächen und der Gesamtstruktur auf. Diese Vielfalt wirft Fragen zu den kulturellen und mathematischen Überlegungen auf, die die Wahl spezifischer geometrischer Formen in verschiedenen Gesellschaften beeinflusst haben.

2. Kultureller Kontext: Die Untersuchung des kulturellen Kontexts dieser Artefakte bringt sowohl gemeinsame als auch einzigartige Elemente zum Vorschein. Das römische Dodekaeder wirft im Kontext des Römischen Reiches Fragen zu seiner Rolle im täglichen Leben, in religiösen Praktiken oder in wissenschaftlichen Bestrebungen auf. Ebenso bieten Artefakte aus keltischen, mesoamerikanischen oder chinesischen Kulturen Einblicke in die symbolischen, künstlerischen oder möglicherweise utilitaristischen Aspekte ihrer jeweiligen Gesellschaften.

3. Symbolik und Funktion: Der Vergleich der symbolischen Bedeutungen und potenziellen Funktionen dieser Artefakte ermöglicht ein differenziertes Verständnis ihrer Rolle in verschiedenen Kulturen. Die möglichen Verbindungen des römischen Dodekaeders zur Astronomie, zur religiösen Symbolik oder zu praktischen Anwendungen stehen im Gegensatz zu den unterschiedlichen Interpretationen ähnlicher Objekte. Ob sie für Wahrsagerei, Rituale oder den Mathematikunterricht verwendet werden, diese Artefakte spiegeln die vielfältigen Möglichkeiten wider, mit denen Gesellschaften Geometrie in ihre kulturellen Praktiken integriert haben.

4. Technologische Raffinesse: Die Erkundung der Handwerkskunst und technologischen Raffinesse bei der Herstellung dieser Artefakte bietet Einblicke in die Fähigkeiten antiker Handwerker. Von der präzisen

Metallbearbeitung des römischen Dodekaeders über die komplizierten Muster auf mesoamerikanischen Figuren bis hin zu den geometrischen Mustern auf chinesischen Bronzespiegeln zeigt jede Kultur eine einzigartige Beherrschung von Materialien und Techniken.

5. Kulturelle Verbreitung und Austausch: Eine vergleichende Analyse wirft Fragen zur möglichen kulturellen Verbreitung und zum Austausch auf. War das Vorhandensein ähnlicher geometrischer Artefakte in verschiedenen Regionen das Ergebnis direkter Interaktionen, gemeinsamer mathematischer Kenntnisse oder unabhängiger kultureller Entwicklungen? Die Untersuchung dieser Fragen trägt zu unserem Verständnis der Vernetzung antiker Kulturen bei.

Während Wissenschaftler mit einer vergleichenden Analyse beginnen, wird das römische Dodekaeder zu einem Brennpunkt bei der Aufklärung der komplizierten Beziehung zwischen Geometrie, Kultur und Handwerkskunst. Die stille Geometrie dieser Artefakte, die über verschiedene Zivilisationen verteilt sind, lädt zum Nachdenken über die universelle menschliche Faszination für Formen und den reichen Bedeutungsteppich ein, der in diese rätselhaften Objekte eingewoben ist.

Andere geometrische Objekte

Über das römische Dodekaeder und seine Gegenstücke hinaus spiegelt eine Vielzahl geometrischer Objekte aus verschiedenen Kulturen und historischen Epochen die Vorliebe des Menschen für mathematischen Ausdruck und symbolische Darstellung wider.

1. Platonische Körper: Platonische Körper, einschließlich Tetraeder, Hexaeder (Würfel), Oktaeder, Dodekaeder und Ikosaeder, spielen im geometrischen Lexikon eine herausragende Rolle. Diese perfekt symmetrischen Polyeder, die in der antiken griechischen Philosophie gefunden und später von Kulturen auf der ganzen Welt erforscht wurden, verkörpern mathematische Perfektion und werden oft mit philosophischer und mystischer Bedeutung in Verbindung gebracht.

2. Islamische geometrische Muster: Die islamische Kunst zeigt komplizierte geometrische Muster, die für ihre mathematische Präzision und ästhetische Schönheit bekannt sind. Sich wiederholende Motive wie Sterne, Polygone und ineinander verschlungene Linien zieren architektonische Wunderwerke wie die Alhambra in Spanien. Diese geometrischen Designs, die in der islamischen Kultur verwurzelt sind, spiegeln eine Verschmelzung von mathematischer Strenge und künstlerischem Ausdruck wider.

3. Mathematische Symbole der Maya: Die Maya-Zivilisation hinterließ bemerkenswerte mathematische Symbole und Strukturen. Die Maya verwendeten ein Zahlensystem zur Basis 20 und demonstrierten fortgeschrittene Kenntnisse in Astronomie und Geometrie. Ihre Pyramiden, wie zum Beispiel El Castillo in Chichen Itza, weisen präzise geometrische Proportionen auf, die auf himmlische Ereignisse wie Sonnenwende abgestimmt sind.

4. Ägyptische Pyramidengeometrie: Die Pyramiden Ägyptens sind ein Beispiel für geometrische Präzision und technische Meisterschaft. Insbesondere die Große Pyramide von Gizeh weist in ihren Proportionen mathematische Beziehungen auf, was zu Debatten über die Kenntnisse der alten Ägypter in Geometrie und Astronomie führte. Die sorgfältige Ausrichtung dieser Strukturen auf die Himmelsrichtungen unterstreicht ihre geometrische Bedeutung zusätzlich.

5. Indische Yantras und Mandalas: In hinduistischen und buddhistischen Traditionen spielen geometrische Symbole wie Yantras und Mandalas eine zentrale Rolle. Yantras, komplizierte geometrische Diagramme, werden für Meditations- und Ritualzwecke verwendet und verkörpern kosmische Prinzipien. Mandalas, kreisförmige geometrische Muster, repräsentieren die Ganzheit des Universums und dienen als Werkzeuge für spirituelle Praxis und künstlerischen Ausdruck.

6. Aztekischer Kalenderstein: Der aztekische Kalenderstein oder Sonnenstein ist ein bemerkenswertes Beispiel aztekischer geometrischer Kunst. Diese massive Steinscheibe weist aufwendige Schnitzereien auf, die kosmische Zyklen, Gottheiten und Kalendersymbole darstellen. Das kreisförmige Design spiegelt ein ausgefeiltes Verständnis von Zeit, Raum und himmlischen Ereignissen in der aztekischen Kosmologie wider.

7. Chinesische geometrische Rätsel: Die traditionelle chinesische Kultur umfasst eine Vielzahl geometrischer Puzzles und Spielzeuge, die Mathematik mit Freizeitaktivitäten verbinden. Beispiele wie das Tangram, ein Sektionsrätsel, fordern räumliches Denken und Kreativität heraus. Diese geometrischen Spiele zeigen die Integration mathematischer Konzepte in Freizeit- und Bildungspraktiken.

Die Erforschung dieser vielfältigen geometrischen Objekte unterstreicht die Universalität mathematischer Ausdrücke in allen Kulturen. Von heiligen Symbolen bis hin zu architektonischen Wunderwerken offenbaren diese Artefakte das komplexe Zusammenspiel von Geometrie, Kultur und menschlicher Kreativität im Laufe der Geschichte.

Einzigartige Funktionen

Das römische Dodekaeder weist mehrere einzigartige Merkmale auf, die zu seinem rätselhaften und unverwechselbaren Charakter im Bereich der antiken Artefakte beitragen.

1. Geometrische Präzision: Das römische Dodekaeder zeichnet sich durch akribische geometrische Präzision aus. Seine zwölf Flächen, die typischerweise jeweils eine kreisförmige Öffnung aufweisen, tragen zu seiner dodekaedrischen Form bei. Die Einheitlichkeit seines Designs lässt auf ein Maß an mathematischer Raffinesse und Handwerkskunst schließen, das bei vielen antiken Artefakten ungewöhnlich ist.

2. Hohlstruktur: Viele Beispiele des römischen Dodekaeders weisen einen hohlen Innenraum auf, was seiner Konstruktion eine zusätzliche Ebene der Komplexität verleiht. Das sorgfältige Gleichgewicht zwischen dem komplizierten äußeren Design und dem inneren Hohlraum wirft Fragen über seinen Zweck, mögliche Funktionen und die Techniken auf, die von antiken Handwerkern zur Herstellung dieser hohlen Struktur eingesetzt wurden.

3. Verschiedene Materialien: Römische Dodekaeder wurden aus einer Vielzahl von Materialien gefertigt, darunter Bronze, Messing, Stein und sogar Glas. Die vielfältige Materialzusammensetzung trägt zur Faszination dieser Artefakte bei und regt zu Untersuchungen zu den kulturellen, wirtschaftlichen und technologischen Faktoren an, die die Materialwahl in verschiedenen Regionen und Zeiträumen beeinflussen.

4. Mangel an historischer Dokumentation: Eines der markantesten Merkmale des römischen Dodekaeders ist das Fehlen direkter Hinweise darauf in historischen Texten. Im Gegensatz zu vielen anderen antiken Artefakten mit begleitenden Inschriften oder Kontextinformationen hinterlässt das Dodekaeder ein stilles Erbe, das Wissenschaftler vor die Herausforderung stellt, seinen Zweck und seine Bedeutung ausschließlich auf der Grundlage archäologischer Beweise zu interpretieren.

5. Regionale Verteilung: Das römische Dodekaeder wurde in einem großen geografischen Gebiet gefunden, das einst vom Römischen Reich umfasste. Seine Verbreitung in verschiedenen Regionen wirft Fragen zu Handelsnetzwerken, kulturellem Austausch und möglichen Variationen in Funktion oder Symbolik aufgrund regionaler Kontexte auf. Die weitverbreitete Präsenz dieses Artefakts trägt zu seiner Einzigartigkeit in den archäologischen Aufzeichnungen bei.

6. Potenzielle Mehrzwecknatur: Die Vielschichtigkeit des römischen Dodekaeders trägt zu seiner Einzigartigkeit bei. Wissenschaftler haben verschiedene potenzielle Funktionen vorgeschlagen, darunter praktische Anwendungen wie Vermessung oder Messung, symbolische oder religiöse Bedeutung und sogar Freizeitzwecke wie Spiele. Die Vielseitigkeit des Artefakts macht die Entschlüsselung seines wahren Zwecks noch komplexer.

7. Komplizierte Gravuren: Einige Beispiele des römischen Dodekaeders weisen komplizierte Gravuren auf ihren Gesichtern auf, die ihren ästhetischen Reiz noch verstärken. Diese Gravuren können Symbole, Muster oder dekorative Elemente enthalten. Die Bedeutung dieser Gravuren zu entschlüsseln, macht es noch schwieriger, den kulturellen und symbolischen Kontext des Artefakts zu verstehen.

Als stummer Zeuge antiker Handwerkskunst und mathematischer Genialität zeichnet sich das römische Dodekaeder nicht nur durch seine geometrische Form aus, sondern auch durch die einzigartige Kombination von Merkmalen, die es zu einem fesselnden und bleibenden Mysterium bei der Erforschung antiker Artefakte machen.

Während das römische Dodekaeder nach wie vor eine überzeugende Fallstudie in der antiken Archäologie ist, erweitert die Untersuchung ähnlicher Artefakte und ihrer jeweiligen Fallstudien unser Verständnis der breiteren kulturellen und historischen Kontexte, in denen diese rätselhaften Objekte entstanden.

1. Fallstudie: Die keltischen Artefakte: Die Untersuchung dodekaedrischer Artefakte, die in keltischen Kontexten gefunden wurden, offenbart faszinierende Variationen im Design und möglichen Funktionen. Fallstudien befassen sich mit den regionalen Unterschieden und kulturellen Einflüssen dieser Artefakte und lösten Diskussionen darüber aus, ob die keltischen Beispiele einen gemeinsamen Zweck mit dem römischen Dodekaeder hatten oder ob sie innerhalb der keltischen Gesellschaften unterschiedliche Rollen spielten.

2. Fallstudie: Platonische Körper im antiken Griechenland: Platonische Körper, darunter das Dodekaeder, wurden in der antiken griechischen Philosophie ausführlich erforscht. Fallstudien untersuchen die symbolische und mathematische

Bedeutung dieser geometrischen Formen, betonen ihre Rolle im philosophischen Diskurs und verknüpfen sie möglicherweise mit umfassenderen kulturellen Überzeugungen über die Harmonie des Kosmos.

3. Fallstudie: Mathematische Symbolik der Maya: Die Maya-Zivilisation hinterließ komplizierte Artefakte, darunter Stelen und Keramiken, die fortgeschrittene mathematische Kenntnisse belegen. Fallstudien konzentrieren sich auf den Maya-Kalender und die Verwendung geometrischer Symbole in ihren Hieroglyphenschriften und beleuchten, wie mathematische Konzepte in ihre kulturellen und religiösen Praktiken eingebettet waren.

4. Fallstudie: Islamische geometrische Muster: Die Untersuchung islamischer geometrischer Muster, die in Architektur, Manuskripten und dekorativer Kunst zu finden sind, bietet eine reichhaltige Fallstudie. Wissenschaftler erforschen die mathematischen Prinzipien hinter diesen komplizierten Designs und offenbaren eine Verschmelzung von künstlerischem Ausdruck und präziser Geometrie. Fallstudien beleuchten die Rolle der Geometrie in der islamischen Kultur, sowohl als ästhetisches Streben als auch als Widerspiegelung der göttlichen Ordnung.

5. Fallstudie: Chinesische geometrische Rätsel: Chinesische geometrische Rätsel wie das Tangram bieten eine einzigartige Fallstudie zur Integration von Mathematik in Freizeit und Bildung. Fallstudien untersuchen die historische Entwicklung und kulturelle Bedeutung dieser Rätsel und zeigen, wie geometrische Konzepte in Freizeitaktivitäten in der chinesischen Gesellschaft eingebunden wurden.

6. Fallstudie: Aztekischer Kalenderstein: Der aztekische Kalenderstein dient als herausragendes Fallbeispiel in der mesoamerikanischen Archäologie. Wissenschaftler analysieren die komplizierten Schnitzereien und das geometrische Design, um die kalendarischen, kosmologischen und rituellen Bedeutungen zu entschlüsseln, die dem Artefakt innewohnen. Fallstudien beleuchten die mathematische Raffinesse und die kulturellen Praktiken der Azteken.

7. Fallstudie: Indische Yantras und Mandalas:
Yantras und Mandalas in hinduistischen und buddhistischen Traditionen bieten eine faszinierende Fallstudie zur Verwendung geometrischer Symbole für spirituelle und rituelle Zwecke. Fallstudien befassen sich mit der Bedeutung spezifischer geometrischer Konfigurationen und untersuchen ihre Rolle in Meditation, Anbetung und dem breiteren kulturellen Kontext indischer Religionen.

Durch die Durchführung von Fallstudien zu diesen verschiedenen Artefakten gewinnen Wissenschaftler tiefere Einblicke in die kulturelle, religiöse und mathematische Bedeutung geometrischer Objekte in verschiedenen Zivilisationen. Jede Fallstudie trägt zu einem differenzierteren Verständnis darüber bei, wie Geometrie in das Gefüge antiker Gesellschaften integriert wurde.

Moderne Perspektiven auf Artefakte wie das römische Dodekaeder spiegeln ein dynamisches Zusammenspiel zwischen historischer Neugier, wissenschaftlicher Forschung und kultureller Interpretation wider.

1. Archäologische und wissenschaftliche Analyse: Moderne archäologische und wissenschaftliche Techniken haben eine eingehende Analyse von Artefakten, einschließlich des römischen Dodekaeders, ermöglicht. Mithilfe von Methoden wie Röntgenbildgebung, Materialanalyse und 3D-Scannen können Forscher komplizierte Details aufdecken, die Materialzusammensetzung beurteilen und potenzielle Herstellungstechniken erkunden. Diese wissenschaftlichen Ansätze tragen zu einem differenzierteren Verständnis der Konstruktion und des Zwecks der Artefakte bei.

2. Interdisziplinäre Ansätze: Moderne Perspektiven beinhalten oft eine interdisziplinäre Zusammenarbeit, die Archäologen, Historiker, Mathematiker und Anthropologen zusammenbringt. Durch die Kombination verschiedener

Fachkenntnisse können Wissenschaftler mehrere Facetten der Bedeutung eines Artefakts erforschen und nicht nur seine mathematischen Aspekte, sondern auch seine kulturellen, sozialen und symbolischen Dimensionen entschlüsseln.

3. Digitale Rekonstruktionen und Modellierung: Fortschritte in der digitalen Technologie ermöglichen die Erstellung virtueller Rekonstruktionen und Modelle von Artefakten. Moderne Perspektiven nutzen computergestütztes Design (CAD) und virtuelle Realität (VR), um das römische Dodekaeder in einem digitalen Raum nachzubilden und zu erkunden. Dies erleichtert die interaktive Auseinandersetzung mit dem Artefakt und fördert neue Einsichten und Perspektiven.

4. Kulturelle Interpretation: Moderne Perspektiven auf antike Artefakte erfordern eine Neubetrachtung kultureller Kontexte. Wissenschaftler streben danach, über eine eurozentrische Perspektive hinauszugehen und die reiche Vielfalt antiker Zivilisationen und ihre einzigartigen Perspektiven auf Mathematik, Symbolik und Handwerkskunst anzuerkennen. Dieser Wandel fördert das interkulturelle Verständnis und fördert

eine umfassendere Interpretation historischer
Objekte.

**5. Öffentliches Engagement und
Öffentlichkeitsarbeit:** Moderne Perspektiven gehen
über akademische Kreise hinaus, um die
Öffentlichkeit einzubeziehen. Museen,
Bildungseinrichtungen und Online-Plattformen
erleichtern den Wissensaustausch über Artefakte und
fördern so das öffentliche Interesse und Verständnis.
Dieser kollaborative Ansatz fördert unterschiedliche
Perspektiven und lädt die breitere Gemeinschaft ein,
sich an der Erforschung antiker Geheimnisse zu
beteiligen.

6. Ethische Überlegungen: Zeitgenössische
Perspektiven auf antike Artefakte beinhalten ethische
Überlegungen in Bezug auf Konservierung, Studium
und Ausstellung. Diskussionen über Rückführung,
kulturelles Erbe und respektvoller Umgang mit
Nachkommengemeinschaften spielen eine
entscheidende Rolle bei der Gestaltung der
Herangehensweise und Interpretation von Artefakten
in der Moderne.

7. Neubewertung von Theorien: Da neue Erkenntnisse auftauchen und sich Methoden weiterentwickeln, erfordern moderne Perspektiven eine kontinuierliche Neubewertung bestehender Theorien. Wissenschaftler bewerten frühere Interpretationen kritisch und laden zu einem dynamischen Dialog innerhalb der akademischen Gemeinschaft ein. Dieser iterative Prozess trägt zu einem verfeinerten und genaueren Verständnis der Bedeutung der Artefakte bei.

Bei der Auseinandersetzung mit modernen Perspektiven auf Artefakte wie dem römischen Dodekaeder formt die Konvergenz von Technologie, interdisziplinärer Zusammenarbeit und kultureller Sensibilität eine lebendige Forschungslandschaft. Durch diese zeitgenössische Perspektive werden antike Objekte nicht nur zu Relikten der Vergangenheit, sondern zu Toren für fortlaufende Erkundungen und Entdeckungen.

Bei der Betrachtung des römischen Dodekaeders tauchen wir in eine fesselnde Reise durch die Annalen der antiken Geschichte ein, eine Reise, die über die bloße Wertschätzung von Artefakten hinausgeht und in das komplexe Geflecht menschlicher Kreativität, mathematischen Scharfsinns und kultureller Symbolik eintaucht.

Die Dodekaeder, verstreut über die Weiten des Römischen Reiches und darüber hinaus, erweisen sich als stille Zeugen längst vergangener Epochen. Ihre geometrische Präzision, gekennzeichnet durch zwölf sorgfältig ausgearbeitete Gesichter, bietet eine stille Einladung, die Schnittstellen von Kunstfertigkeit und mathematischem Einfallsreichtum zu erkunden. Doch jenseits des Reizes ihrer hohlen Innenräume und der Zartheit der gravierten Muster verbirgt sich ein Reservoir unbeantworteter Fragen, das den neugierigen Geist der Gelehrten anlockt.

Während wir durch die Pracht des Römischen Reiches navigieren und anhand dieser geometrischen Artefakte den subtilen Nuancen der keltischen Handwerkskunst nachspüren, finden wir uns in einer

Erzählung wieder, die über zeitliche und kulturelle Grenzen hinausgeht. Jedes Dodekaeder wird zum Geschichtenerzähler, der Geschichten über alte Werkstätten, talentierte Handwerker und die Konvergenz von Praktikabilität und Symbolik in ihrer Schöpfung flüstert.

Im Schmelztiegel moderner Perspektiven nimmt das römische Dodekaeder neue Dimensionen an. Wissenschaftliche Fortschritte, von der Röntgenbildgebung bis hin zu digitalen Rekonstruktionen, ermöglichen es Wissenschaftlern, die Schichten der Geschichte aufzudecken, die Feinheiten der Konstruktion aufzudecken und möglicherweise die Geheimnisse ihres Zwecks zu lüften. Das Artefakt verwandelt sich in eine Brücke, die Disziplinen verbindet – Archäologie, Mathematik, Anthropologie – und zu einer harmonischen Erforschung der Vergangenheit verschmilzt.

Da es keine explizite historische Dokumentation gibt, stellen die Dodekaeder eine Herausforderung dar – eine Herausforderung, die Wissenschaftler gerne annehmen. Die Stille, die ihre Ursprünge und Funktionen umgibt, lädt zu einer Symphonie von Theorien ein, wobei jede Note durch die heiligen

Hallen der Wissenschaft widerhallt. Diese Artefakte ohne Inschriften oder Chroniken werden zu Leinwänden, auf denen unterschiedliche Interpretationen gemalt werden und die zu einem kaleidoskopischen Verständnis der antiken Welt beitragen.

Das römische Dodekaeder ist in seiner tiefen Stille ein Zeugnis der unaufhörlichen menschlichen Suche nach Wissen. Sein geometrischer Reiz regt zum Überdenken vorgefasster Meinungen an und lädt Wissenschaftler ein, am Abgrund der Unsicherheit zu tanzen. In diesem Tanz werden die gestellten Fragen ebenso bedeutsam wie die gesuchten Antworten, was unser Verständnis antiker Zivilisationen bereichert und das komplexe Zusammenspiel von Intellekt und Kunstfertigkeit über die Äonen hinweg zelebriert.

Wenn wir das Labyrinth der Zeit durch die Linse des römischen Dodekaeders durchqueren, werden wir daran erinnert, dass die Reise des Verstehens ewig dauert. Die Dodekaeder bleiben nicht nur Relikte einer vergangenen Ära, sondern rätselhafte Begleiter, die uns einladen, die Tiefen der menschlichen

Kreativität zu ergründen, ein geometrisches Gesicht nach dem anderen.